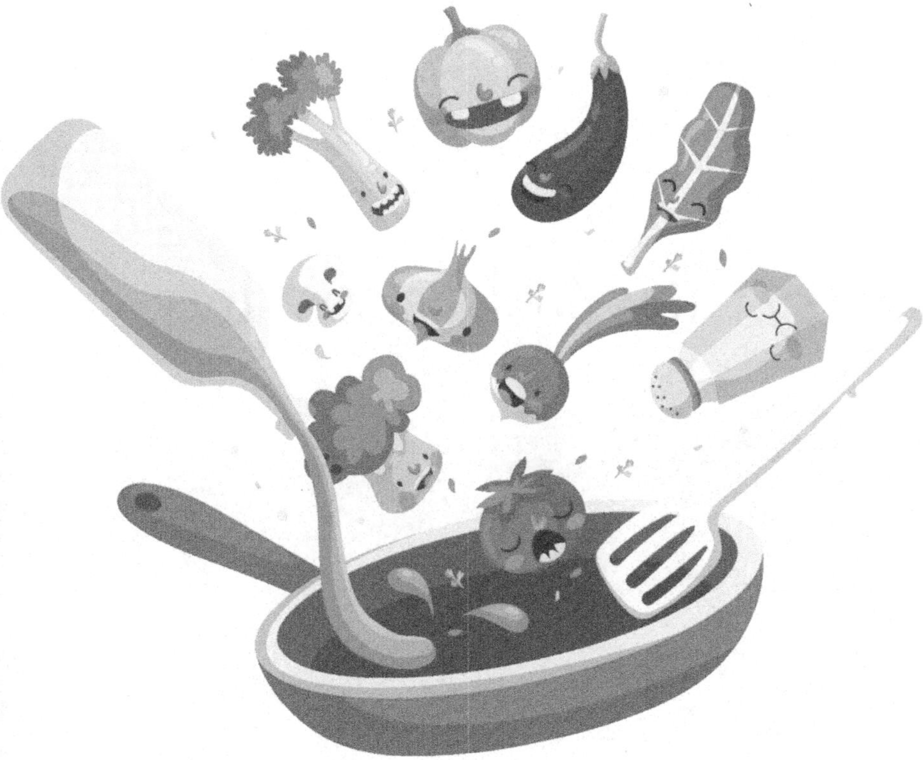

This Book Belongs to

Table of Contents

Recipe	Page

Table of Contents

Recipe	Page

Directions Continued:

Photos & Notes:

Recipe: _____

Serving: _____ **Prep Time:** _____

Cook Time: _____ **Temperature:** _____

Notes:
_____
_____
_____

Ingredients:	Methods:
_____	_____
_____	_____
_____	_____
_____	_____
_____	_____
_____	_____
_____	_____
_____	_____
_____	_____
_____	_____
_____	_____
_____	_____
_____	_____
_____	_____
_____	_____
_____	_____
_____	_____
_____	_____
_____	_____
_____	_____
_____	_____
_____	_____

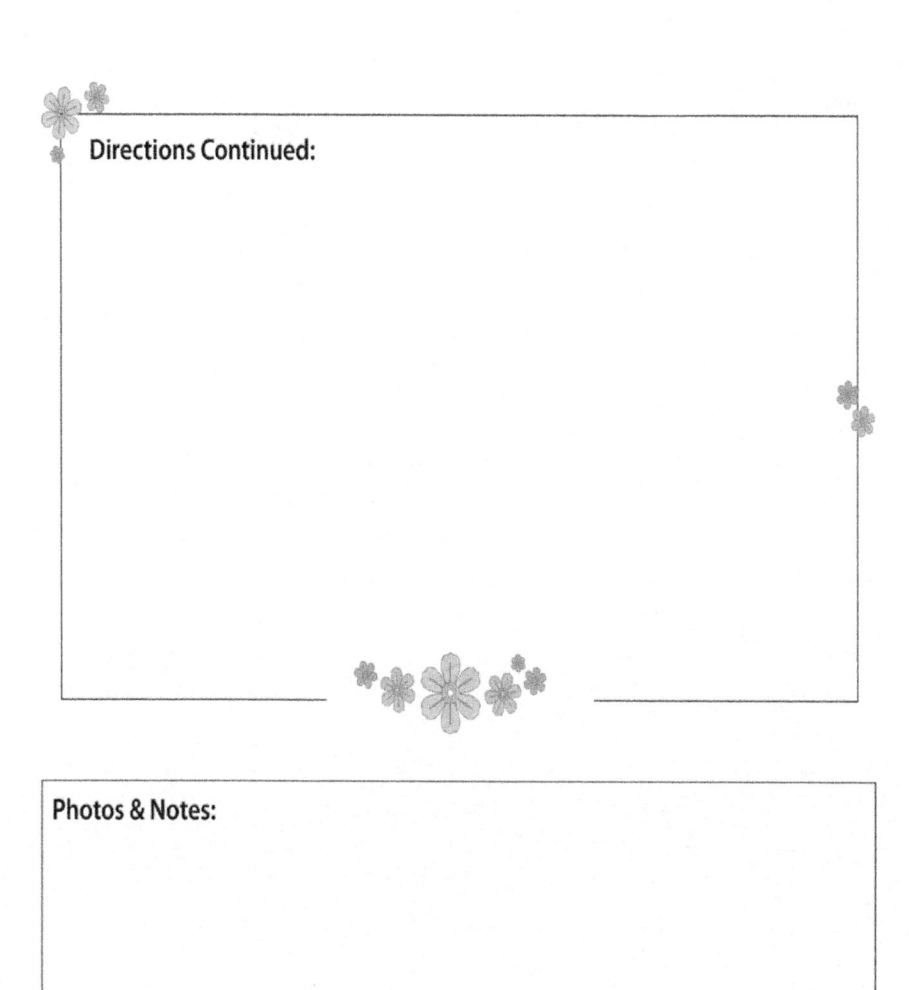

Directions Continued:

Photos & Notes:

Recipe: _____

Serving: _____ Prep Time: _____

Cook Time: _____ Temperature: _____

Notes:
_____
_____
_____

Ingredients:

Methods:

Directions Continued:

Photos & Notes:

Recipe: _____

Serving: _____ Prep Time: _____

Cook Time: _____ Temperature: _____

Notes:
_____
_____
_____

Ingredients:

Methods:

Recipe: _____

Notes:

Serving: _____ Prep Time: _____

Cook Time: _____ Temperature: _____

Ingredients:

Methods:

Directions Continued:

Photos & Notes:

Recipe: _____

Serving: _____ Prep Time: _____

Cook Time: _____ Temperature: _____

Notes:
_____
_____
_____

Ingredients:

Methods:

Directions Continued:

Photos & Notes:

Recipe: _____

Serving: _____ Prep Time: _____

Notes:
_____
_____
_____

Cook Time: _____ Temperature: _____

Ingredients:

Methods:

Directions Continued:

Photos & Notes:

Recipe: _____

Serving: _____ Prep Time: _____

Cook Time: _____ Temperature: _____

Notes:
_____
_____
_____

Ingredients:

Methods:

Directions Continued:

Photos & Notes:

Recipe: _____

Notes:

Serving: _____ Prep Time: _____

Cook Time: _____ Temperature: _____

Ingredients:

Methods:

Directions Continued:

Photos & Notes:

Recipe: _____

Serving: _____ Prep Time: _____

Cook Time: _____ Temperature: _____

Notes:
_____
_____
_____

Ingredients:

Methods:

Directions Continued:

Photos & Notes:

Recipe: _____

Serving: _____ Prep Time: _____

Cook Time: _____ Temperature: _____

Notes:
_____
_____
_____

Ingredients:

Methods:

Directions Continued:

Photos & Notes:

Recipe: _____

Serving: _____ Prep Time: _____

Cook Time: _____ Temperature: _____

Notes:
_____
_____
_____

Ingredients:

Methods:

Directions Continued:

Photos & Notes:

Recipe: _____

Notes:

Serving: _____ Prep Time: _____

Cook Time: _____ Temperature: _____

Ingredients:

Methods:

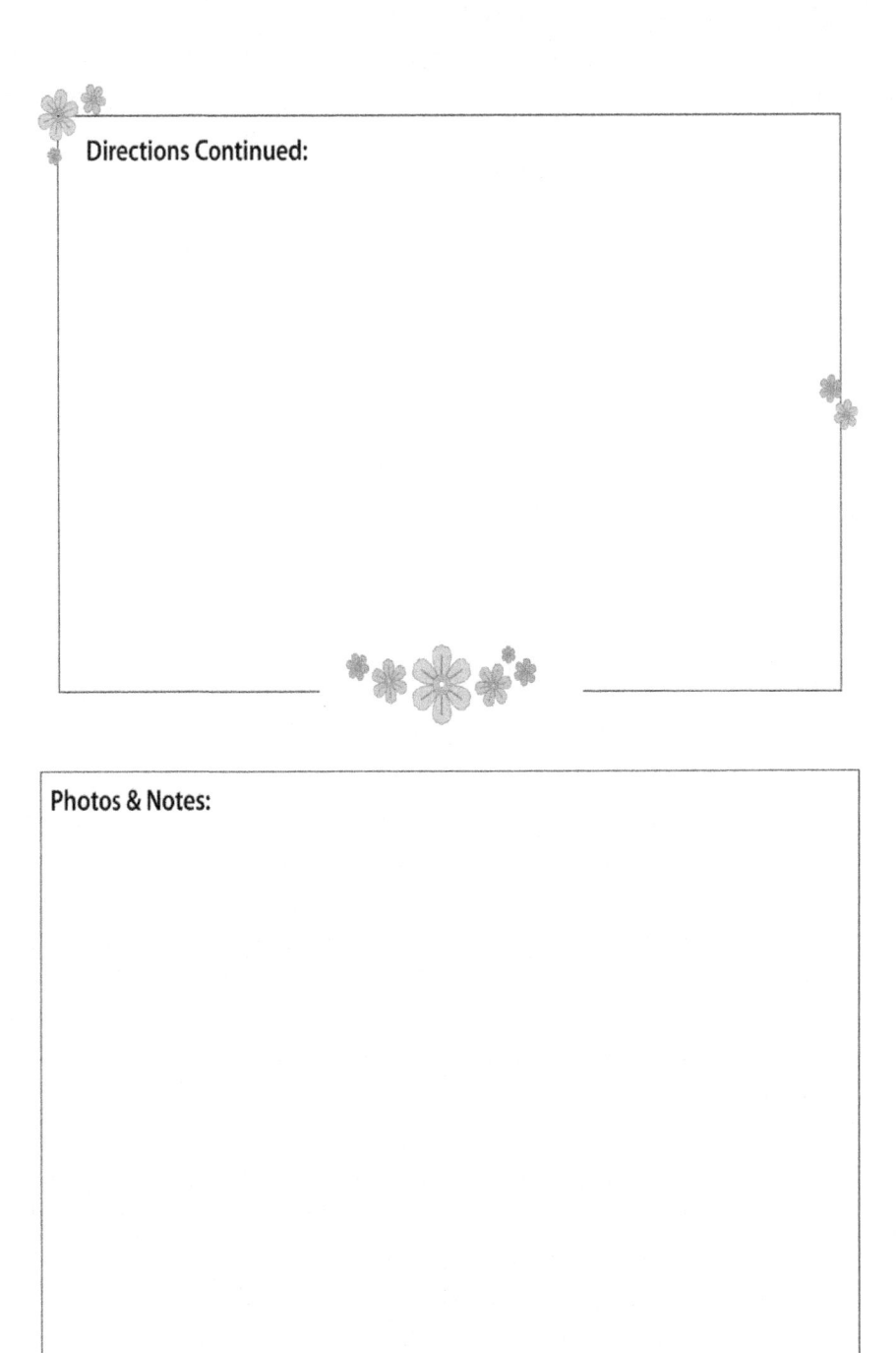

Directions Continued:

Photos & Notes:

Recipe: _____

Notes:

Serving: _____ Prep Time: _____

Cook Time: _____ Temperature: _____

Ingredients:

Methods:

Directions Continued:

Photos & Notes:

Recipe: _____

Serving: _____ Prep Time: _____

Cook Time: _____ Temperature: _____

Notes:
_____
_____
_____

Ingredients:

Methods:

Directions Continued:

Photos & Notes:

Recipe: _____

Serving: _____ Prep Time: _____

Cook Time: _____ Temperature: _____

Notes:
_____
_____
_____

Ingredients:

Methods:

Directions Continued:

Photos & Notes:

Recipe: _____

Notes:
_____
Serving: _____ Prep Time: _____
_____
_____
Cook Time: _____ Temperature: _____

Ingredients:

Methods:

Directions Continued:

Photos & Notes:

Recipe: _____

Serving: _____ Prep Time: _____

Cook Time: _____ Temperature: _____

Notes:
_____
_____
_____

Ingredients:

Methods:

Directions Continued:

Photos & Notes:

Recipe: _____

Serving: _____ Prep Time: _____

Cook Time: _____ Temperature: _____

Notes:
_____
_____
_____

Ingredients:

Methods:

Directions Continued:

Photos & Notes:

Recipe: _____

Serving: _____ Prep Time: _____

Cook Time: _____ Temperature: _____

Notes:
_____
_____
_____

Ingredients:

Methods:

Directions Continued:

Photos & Notes:

Recipe: _____

Serving: _____ Prep Time: _____

Cook Time: _____ Temperature: _____

Notes:
_____
_____
_____

Ingredients:

Methods:

Directions Continued:

Photos & Notes:

Recipe: _____

Serving: _____ Prep Time: _____

Cook Time: _____ Temperature: _____

Notes:
_____
_____
_____

Ingredients:

Methods:

Directions Continued:

Photos & Notes:

Recipe: _____

Notes:
_____
Serving: _____ Prep Time: _____
_____
_____
Cook Time: _____ Temperature: _____

Ingredients: Methods:

Directions Continued:

Photos & Notes:

Recipe: _____

Serving: _____ Prep Time: _____

Cook Time: _____ Temperature: _____

Notes:
_____
_____
_____

Ingredients:

Methods:

Directions Continued:

Photos & Notes:

Recipe: _____

Serving: _____ Prep Time: _____

Cook Time: _____ Temperature: _____

Notes:
_____
_____
_____

Ingredients:

Methods:

Directions Continued:

Photos & Notes:

Recipe: _____

Serving: _____ Prep Time: _____

Cook Time: _____ Temperature: _____

Notes:
_____
_____
_____

Ingredients:

Methods:

Directions Continued:

Photos & Notes:

Recipe: _____

Serving: _____ Prep Time: _____

Cook Time: _____ Temperature: _____

Notes:
_____
_____
_____

Ingredients:

Methods:

Directions Continued:

Photos & Notes:

Recipe: _____

Serving: _____ Prep Time: _____

Cook Time: _____ Temperature: _____

Notes:
_____
_____
_____

Ingredients:

Methods:

Directions Continued:

Photos & Notes:

Recipe: _____

Notes:

Serving: _____ Prep Time: _____

Cook Time: _____ Temperature: _____

Ingredients:

Methods:

Directions Continued:

Photos & Notes:

Recipe: _____

Serving: _____ Prep Time: _____

Cook Time: _____ Temperature: _____

Notes:
_____
_____
_____

Ingredients:

Methods:

Directions Continued:

Photos & Notes:

Recipe: _____

Serving: _____ Prep Time: _____

Cook Time: _____ Temperature: _____

Notes:
_____
_____
_____

Ingredients:

Methods:

Directions Continued:

Photos & Notes:

Recipe: _____

Serving: _____ Prep Time: _____

Cook Time: _____ Temperature: _____

Notes:
_____
_____
_____

Ingredients:

Methods:

Directions Continued:

Photos & Notes:

Recipe: _____

Serving: _____ Prep Time: _____

Cook Time: _____ Temperature: _____

Notes:
_____
_____
_____

Ingredients:

Methods:

Directions Continued:

Photos & Notes:

Recipe: _____

Serving: _____ Prep Time: _____

Cook Time: _____ Temperature: _____

Notes:
_____
_____
_____

Ingredients:

Methods:

Directions Continued:

Photos & Notes:

Recipe: _____

Notes:

Serving: _____ Prep Time: _____

Cook Time: _____ Temperature: _____

Ingredients:

Methods:

Directions Continued:

Photos & Notes:

Recipe: _____

Notes:

Serving: _____ Prep Time: _____

Cook Time: _____ Temperature: _____

Ingredients:

Methods:

Directions Continued:

Photos & Notes:

Recipe: _____

Serving: _____ Prep Time: _____

Cook Time: _____ Temperature: _____

Notes:
_____
_____
_____

Ingredients:	Methods:

Directions Continued:

Photos & Notes:

Recipe: _____

Serving: _____ Prep Time: _____

Cook Time: _____ Temperature: _____

Notes:
_____
_____
_____

Ingredients:

Methods:

Directions Continued:

Photos & Notes:

Recipe: _____

Serving: _____ Prep Time: _____

Cook Time: _____ Temperature: _____

Notes:
_____
_____
_____

Ingredients:

Methods:

Directions Continued:

Photos & Notes:

Recipe: _____

Serving: _____ Prep Time: _____

Cook Time: _____ Temperature: _____

Notes:
_____
_____
_____

Ingredients:

Methods:

Directions Continued:

Photos & Notes:

Recipe: _____

Serving: _____ Prep Time: _____

Cook Time: _____ Temperature: _____

Notes:
_____
_____
_____

Ingredients:	Methods:

Directions Continued:

Photos & Notes:

Recipe: _____

Notes:

Serving: _____ Prep Time: _____

Cook Time: _____ Temperature: _____

Ingredients:

Methods:

Directions Continued:

Photos & Notes:

Recipe: _____

Serving: _____ Prep Time: _____

Cook Time: _____ Temperature: _____

Notes:
_____
_____
_____

Ingredients:

Methods:

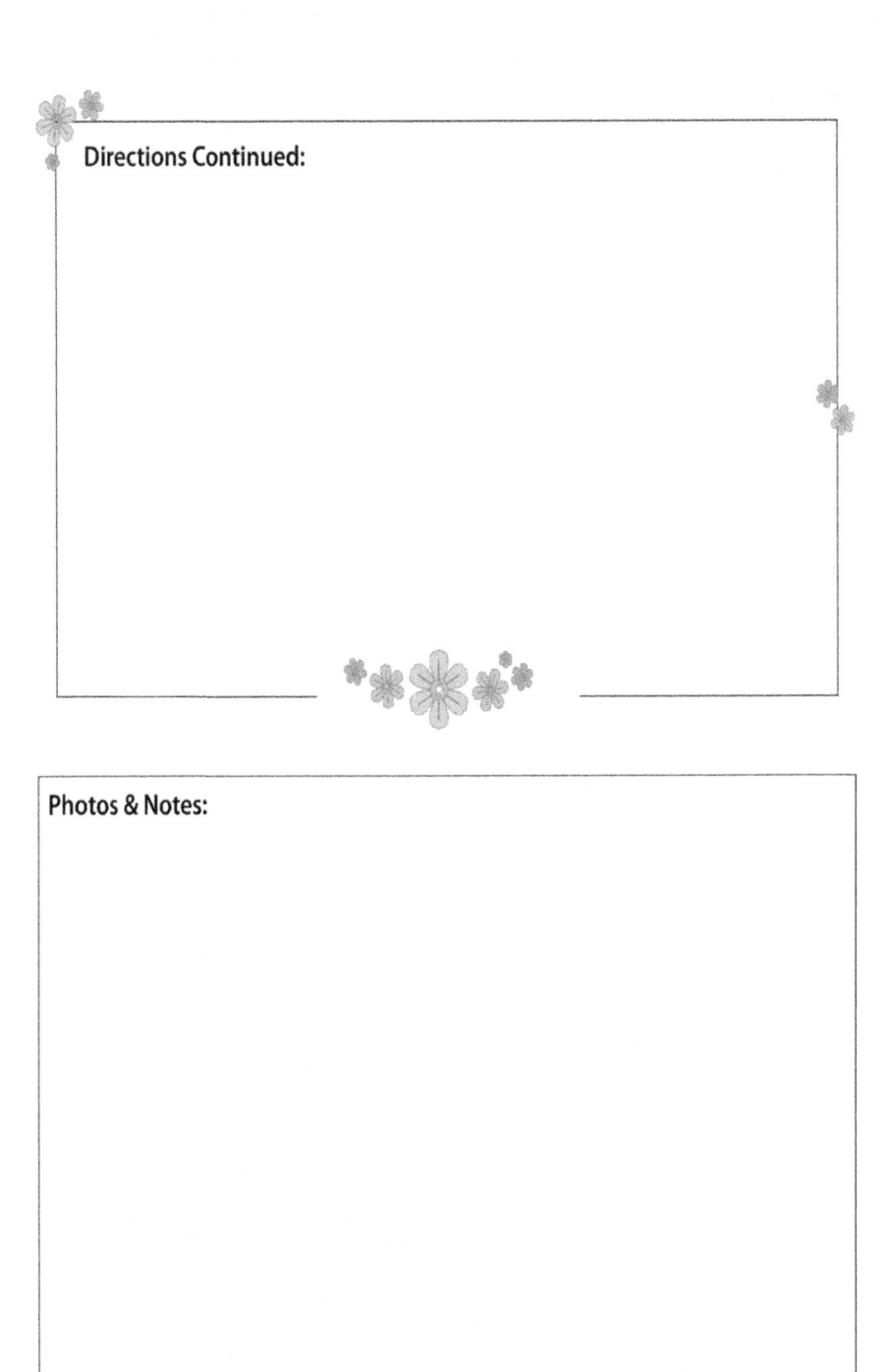

Directions Continued:

Photos & Notes:

Recipe: _____

Serving: _____ Prep Time: _____

Cook Time: _____ Temperature: _____

Notes:
_____
_____
_____

Ingredients:

Methods:

Directions Continued:

Photos & Notes:

Recipe: _____

Notes:

Serving: _____ Prep Time: _____

Cook Time: _____ Temperature: _____

Ingredients:

Methods:

Directions Continued:

Photos & Notes:

Recipe: _____

Serving: _____ Prep Time: _____

Cook Time: _____ Temperature: _____

Notes:
_____
_____
_____

Ingredients:

Methods:

Directions Continued:

Photos & Notes:

Recipe: _____

Serving: _____ Prep Time: _____

Cook Time: _____ Temperature: _____

Notes:
_____
_____
_____

Ingredients:

Methods:

Directions Continued:

Photos & Notes:

Directions Continued:

Photos & Notes:

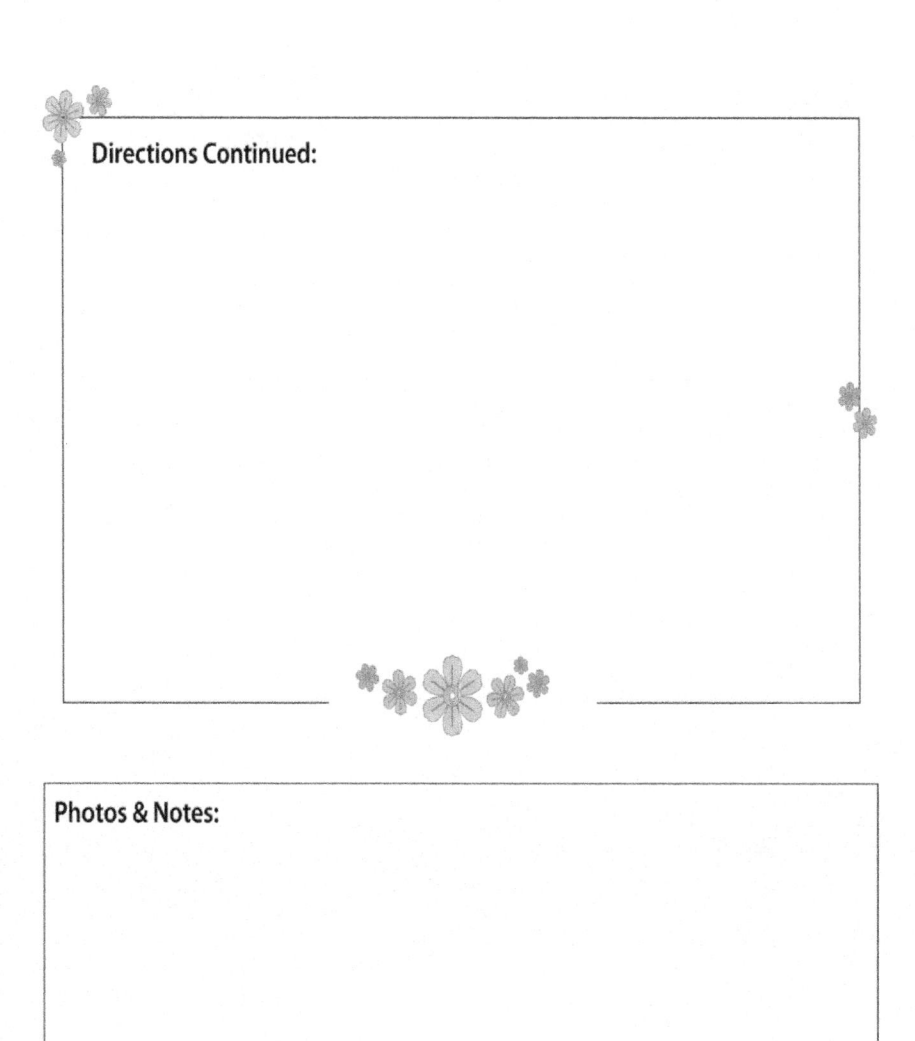

Recipe: _____

Serving: _____ Prep Time: _____

Cook Time: _____ Temperature: _____

Notes:
_____
_____
_____

Ingredients:

Methods:

Directions Continued:

Photos & Notes:

Recipe: _____

Serving: _____ Prep Time: _____

Cook Time: _____ Temperature: _____

Notes:
_____
_____
_____

Ingredients:

Methods:

Directions Continued:

Photos & Notes:

Recipe: _____

Serving: _____ **Prep Time:** _____

Cook Time: _____ **Temperature:** _____

Notes:
_____
_____
_____

Ingredients:	Methods:

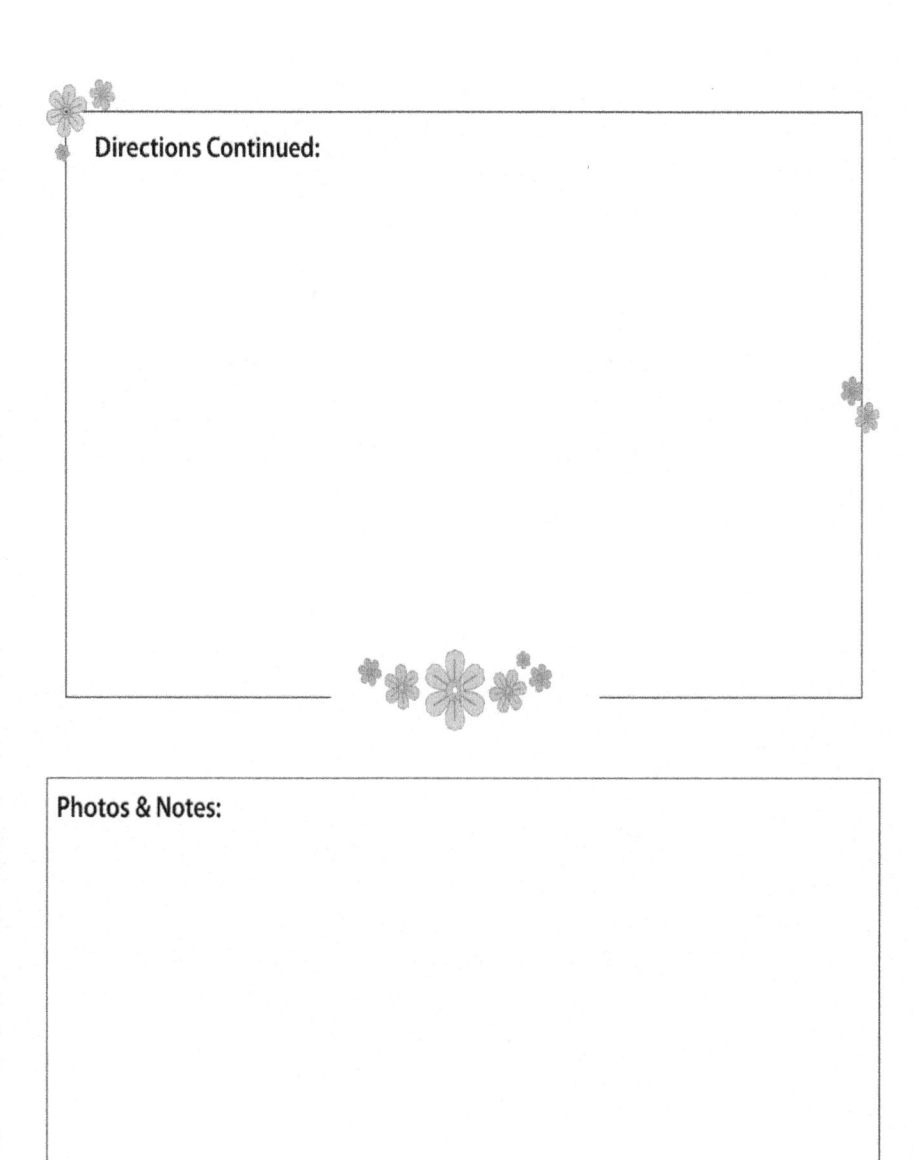

Directions Continued:

Photos & Notes:

Recipe: _____

Serving: _____ Prep Time: _____

Cook Time: _____ Temperature: _____

Notes:
_____
_____
_____

Ingredients:

Methods:

Directions Continued:

Photos & Notes:

Recipe: _____

Serving: _____ **Prep Time:** _____

Cook Time: _____ **Temperature:** _____

Notes:
_____
_____
_____

Ingredients:

_____
_____
_____
_____
_____
_____
_____
_____
_____
_____
_____
_____
_____
_____
_____
_____
_____
_____
_____
_____
_____
_____
_____
_____

Methods:

_____
_____
_____
_____
_____
_____
_____
_____
_____
_____
_____
_____
_____
_____
_____
_____
_____
_____
_____
_____
_____
_____
_____
_____

Directions Continued:

Photos & Notes:

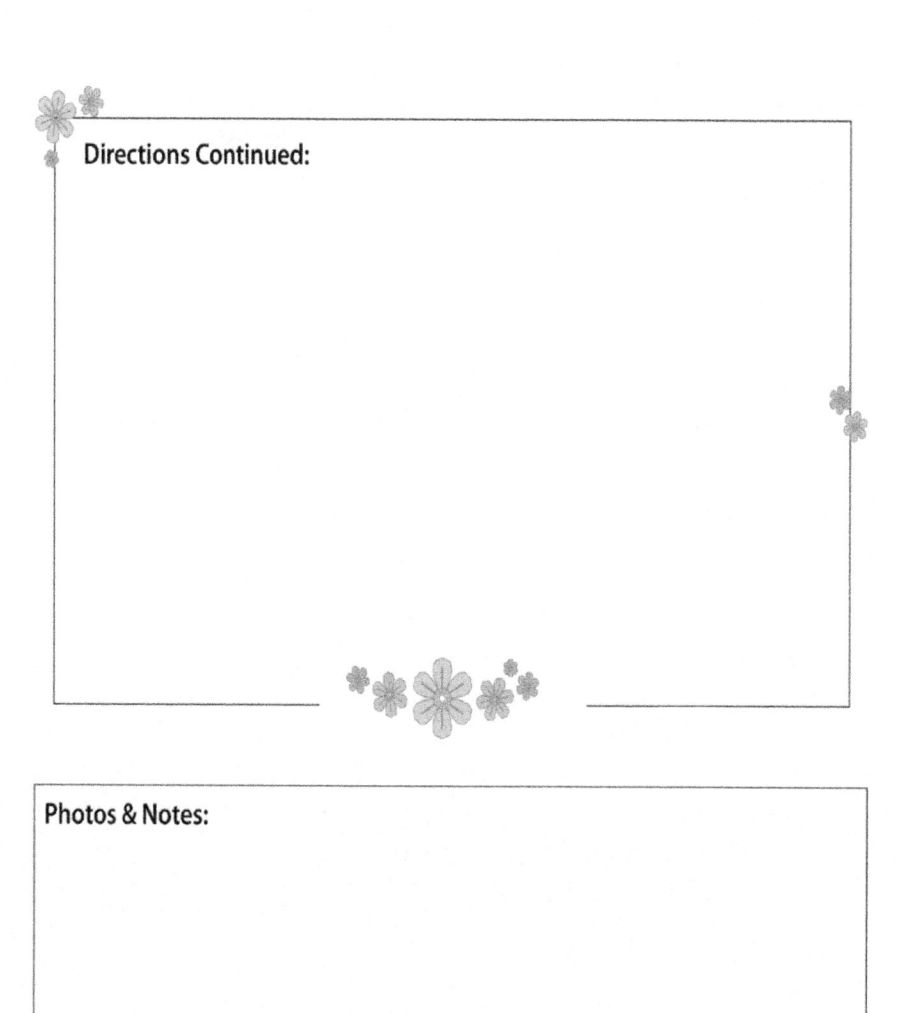

Recipe: _____

Serving: _____ Prep Time: _____

Cook Time: _____ Temperature: _____

Notes:
_____
_____
_____

Ingredients:

Methods:

Made in the USA
Monee, IL
20 September 2021